AF603022

CATALOGUE (N° 19)

ESTAMPES

DE

L'ÉCOLE FRANÇAISE

DU XVIIIe SIÈCLE

EN NOIR ET EN COULEUR

VENTE

HOTEL DROUOT — SALLE N° 4

Le Samedi 19 Mai 1883

A UNE HEURE ET DEMIE PRÉCISES

Me Maurice **DELESTRE**
COMMISS^{re}-PRISEUR
Rue Drouot, n° 27

M. **DUPONT** aîné
MARCHAND D'ESTAMPES
Rue de Seine, n° 21

PARIS — 1883

Vᵉ RENOU, MAULDE et COCK

IMPRIMEURS DE LA COMPAGNIE DES COMMISSAIRES-PRISEURS

Rue de Rivoli, 144.

CATALOGUE (N° 19)

ESTAMPES

DE

L'ÉCOLE FRANÇAISE

DU XVIIIe SIÈCLE

EN NOIR ET EN COULEUR

Baudouin — Boilly — Bonnet — Boucher — Debucourt — Demarteau
Janinet — Lavreince
Prudhon — Taunay — Joseph Vernet — Watteau, etc.

DONT LA VENTE AURA LIEU

HOTEL DES COMMISSAIRES-PRISEURS

RUE DROUOT, 9, SALLE N° 4

Le Samedi 19 Mai 1883

A UNE HEURE ET DEMIE PRÉCISES

Par le ministère de Mᵉ **Maurice DELESTRE**, Commissaire-Priseur
rue Drouot, 27,

Assisté de **M. DUPONT** aîné, marchand d'Estampes,
rue de Seine, 21.

PARIS — 1883

CONDITIONS DE LA VENTE

Elle sera faite au comptant.

Les Acquéreurs paieront CINQ POUR CENT, en sus des enchères, applicables aux frais.

L'ordre du Catalogue sera suivi.

DÉSIGNATION

ANONYME

1 — Allégorie, avec les figures de France et l'Italie, Très belle ép. avant toutes lettres.

AUBRY (D'après)

2 — L'Abus de la crédulité, par De Launay. Très belle ép.

3 — Correction maternelle, par De Longueil. Très belle ép. avant la dédicace, grandes marges.

BAUDOUIN (D'après)

4 — Le Confessionnal, par Moitte. Très belle ép.

5 — Le Curieux, par Malœuvre. Belle ép.

6 — L'Enlèvement nocturne, par Ponce. Belle ép., grandes marges.

BOILLY (D'après)

7 — L'Amant favorisé, par Chaponnier. Très belle ép. avant la lettre.

8 — La même estampe. Belle ép.

9 — L'Amant poète. — L'Amant musicien, par Levilly. 2 p., belles ép. en couleur.

10 — Le Cadeau, par Bonnefoy. Très belle ép.. toutes marges.

BOILLY (D'après)

11 — La Comparaison des petits pieds, par Chaponnier. Belle ép.

12 — La Crainte mal fondée, par Allais. — Le Sommeil de l'innocence, par Texier. 2 p., belles ép.

13 — Défends-moi, par Petit. Très belle ép., grandes marges.

14 — La douce Résistance, par Tresca. Très belle ép.

15 — Nous étions deux, nous voilà trois, par Vidal. Belle ép.

16 — On la tire aujourd'hui, par Tresca. Très belle épreuve.

17 — L'Optique, par Cazenave. Très belle ép., grandes marges.

18 — Poussez ferme. — La Comparaison des petits pieds. 2 p., belles ép.

19 — Le Prélude de Nina, par Chaponnier. Très belle ép. avant la lettre, grande marge.

20 — La même estampe. Très belle ép.

21 — La Précaution. — La Solitude. — L'Attention. — La Jardinière, par Tresca. 4 p., très belles ép. en couleur.

22 — Prends ce biscuit. — Nous étions deux, nous voilà trois, par Vidal. 2 p. en couleur.

23 — La Serinette, par Honoré. Très belle ép., grandes marges.

24 — La Solitude. — L'Amusement de la campagne, par Tresca. 2 p., belles ép., dont une en couleur.

25 — Scènes de brigands. 2 p., belles ép.

26 — Réjouissance publique. — A la santé du roi. — Le Cabaret. — Le Singe mendiant. 4 p., dont une coloriée.

BONNET

27 — Vénus et l'Amour sur un dauphin, d'ap. Boucher. Très belle ép. aux deux crayons, sur papier bleu.

28 — Le Sommeil de Vénus, d'ap. Boucher. Très belle ép. aux deux crayons, sur papier bleu.

29 — Le petit Château de cartes. — La Bastille détruite. — Le Drapeau national. — Le petit Cavalier. — Le petit Sabot. — Le Point d'honneur, d'ap. Huet. 6 p., très belles ép. en couleur, dont 5 à toutes marges.

30 — Portrait de Mlle Duval. Très belle ép. en couleur.

31 — La Bergère bienfaisante, d'ap. Boucher. Très belle ép. à la sanguine, toutes marges.

32 — Tête de jeune fille, d'ap. Boucher. Très belle ép. en couleur, en imitation de pastel.

33 — Têtes de jeunes filles, d'ap. Huet. 2 p., très belles ép. aux trois crayons, toutes marges.

34 — Jeune Femme tenant son enfant, d'ap. Boucher Belle ép. aux deux crayons sur papier bleu.

35 — Jeune Fille tenant un chat. — Jeune Fille de profil. 2 p. sur la même feuille, aux deux crayons, sur papier bleu.

36 — Têtes de jeunes filles, d'ap. Leprince. 4 p. aux deux crayons, sur papier bleu.

37 — Têtes de jeunes filles, d'ap. Boucher. 4 p. à plusieurs crayons.

BONNET, JANINET, etc.

38 — Têtes de jeunes filles. — Vues de monuments antiques, d'ap. Boucher. 7 p., dont 6 à la sanguine.

BOREL (D'après)

39 — L'Innocence en danger, par Huot. Très belle ép. avant la dédicace, toutes marges.

BOUCHER (D'après)

40 — Le Départ du courrier. — L'Arrivée du courrier, gr. par Beauvarlet. 2 p., belles ép. avant toutes lettres.

41 — Vénus sur les eaux. Très belle ép. avant toutes lettres.

42 — La Mort d'Adonis, par Surugue. Très belle ép.

43 — L'Obéissance récompensée, par R. Gaillard. Très belle ép., marges.

44 — La Leçon de flûte. — Les Cerises, par Gaillard. 2 p. sur chine.

CHALLIOU (A Paris, chez)

45 — La belle Émilie. — La douce Julie. 2 p., belles ép. en couleur.

CHARDIN (D'après)

46 — La Pourvoyeuse, par Lépicié. Très belle ép., grandes marges.

CHARLIER (D'après)

47 — Un tendre Engagement..., par Elluin. Belle ép.

COCHIN (C.-N.)

48 — Décoration du bal masqué donné par le roi à l'occasion du mariage de Louis, dauphin de France. Très belle ép., toutes marges.

COMMARIEUX

49 — Les Gastronomes sans argent, d'ap. Carle Vernet. Très belle ép. en couleur.

COURTIN et SANTERRE

50 — Portraits et Sujets. 6 p., belles ép.

DE BOISSIEU (J.-J.)

51 — Sujets et Paysages. 17 p.

DEBUCOURT

52 — La Croisée. Belle ép. déchir.

53 — La Bénédiction paternelle ou le Départ de la mariée. Très belle ép., toutes marges.

54 — Goûter des Anglais. Très belle ép.

55 — La Marchande de cerises, d'ap. Carle Vernet. Belle ép. en couleur.

56 — La Marchande d'eau-de-vie, d'ap. Carle Vernet. Très belle ép. en couleur.

57 — Le Marchand de galette. — Le Café ambulant. 2 p. en couleur, toutes marges.

58 — Le Marchand de peaux de lapin, d'ap. Carle Vernet. Belle ép. en couleur.

59 — La Marchande de poissons, d'ap. Carle Vernet. Belle ép. en couleur.

60 — La Marchande de saucisses, d'ap. Carle Vernet. Très belle ép. en couleur.

61 — Passez, Payez, d'ap. Carle Vernet. Belle ép. en couleur.

62 — Le Coup de vent, d'ap. Carle Vernet. Belle ép. en couleur.

DEBUCOURT

63 — Le Jour de barbe d'un charbonnier, d'ap. Carle Vernet. Belle ép. en couleur.

64 — La même estampe. Belle ép. en couleur.

65 — Chacun son tour, d'ap. Carle Vernet. Belle ép. en couleur.

66 — Les Anglais à Paris. — Anglais en habit habillé, d'ap. Carle Vernet. 2 p., très belles ép. en couleur.

67 — Cuirassier français. — Artilleur anglais. — Cuirassier prussien, d'ap. Carle Vernet. 3 p., belles ép. en couleur, toutes marges.

68 — Marche d'officiers anglais. — Officiers anglais et écossais. — Militaires anglais. — Militaires écossais, d'ap. Carle Vernet. 4 p., belles ép. en couleur.

69 — Militaires de la garde impériale russe et allemande. — Uhlan prussien, d'ap. Carle Vernet. 3 p., dont 2 en couleur, toutes marges.

DE MACHY (D'après)

70 — Environs de Rome, par Descourtis. 2 p. rondes, en couleur, très belles ép.

DEMARNE

71 — Partie de l'œuvre de Demarne. 56 p., dont 44 gr. à l'eau-forte, très belles ép., presque toutes en premiers états.

DEMARTEAU

72 — Nymphe couchée, d'ap. Boucher. Très belle ép. en couleur.

DEMARTEAU

73 — Vénus sur les eaux, d'ap. Huet. — Nymphe couchée, d'ap. Boucher. 2 p. en couleur, très belles épreuves.

74 — Vénus couronnée par les Amours, d'ap. Boucher. Très belle ép. aux trois crayons.

75 — L'Éducation de l'Amour. — L'Enfance de Bacchus, d'ap. Boucher. 2 p. à la sanguine, très belles épreuves.

76 — Naïades, d'ap. Boucher. Très belle ép. à la sanguine.

77 — Nymphe endormie, d'ap. Boucher. Très belle ép. à la sanguine, toutes marges.

78 — Flore couronnée, d'ap. Boucher. Très belle ép. à la sanguine.

79 — La Justice protège les arts, d'ap. Cochin. Très belle ép. à la sanguine.

80 — Amours sur des dauphins. — L'Amour à l'affût, etc., d'ap. Boucher. 4 p. à la sanguine.

81 — Jeune Fille prenant son café. — Jeune Fille faisant de la broderie, d'ap. Huet. 2 p., très belles ép. en couleur.

82 — La jeune Bergère, d'ap. Huet. 2 p., belles ép. en couleur.

83 — Le Berger entreprenant, d'ap. Huet. Très belle ép. en couleur.

84 — Bergère avec son chien, d'ap. Boucher. Ép. aux crayons noir et blanc sur papier bleu.

85 — La Bouillie, d'ap. Boucher. Belle ép. à la sanguine.

86 — Les Laveuses, d'ap. Boucher. Très belle ép. à la sanguine, toutes marges.

DEMARTEAU

87 — La Jardinière, d'ap. Boucher. Très belle ép. à la sanguine.

88 — Le Mouton favori. — Le Retour de l'école, d'ap. Boucher. 2 p.. belles ép. à la sanguine.

89 — Jeune Fille conduisant un âne. — La Pêche. — Moutons et chèvres, d'ap. Boucher. 3 p. à la sanguine, très belles ép., toutes marges.

90 — Jeune Berger jouant avec un chien. — Ane et Moutons, d'ap. Huet. 2 p., belles ép. à la sanguine.

91 — Jeune Fille tenant un cahier de musique, d'ap. Boucher. Très belle ép. à la sanguine, grandes marges.

92 — Jeune Paysanne tenant une colombe, d'ap. Huet. Très belle ép. aux trois crayons.

93 — Paysanne russe, d'ap. Le Prince. Très belle ép. aux trois crayons.

94 — Tête de jeune fille, d'ap. Watteau. Très belle ép. aux trois crayons.

95 — Têtes de jeunes filles, d'ap. Boucher. 2 p., très belles ép. aux trois crayons.

96 — Figure de jeune fille. — Tête de vieillard, d'ap. Boucher. 2 p., belles ép. aux trois crayons.

97 — Têtes de jeunes filles d'ap. Boucher. 4 p., très belles ép. aux trois crayons.

98 — Jeune Fille tenant une corbeille de fleurs, d'ap. Le Prince. Très belle ép. à la sanguine.

99 — Têtes de jeunes filles, d'ap. Boucher. 2 p. à la sanguine, très belles ép., toutes marges.

100 — Têtes de femmes et sujets divers, d'ap. Boucher. 6 p. à la sanguine, dont une aux trois crayons.

101 — Tête de jeune garçon. — Soldats au repos. — Jeune Berger, d'ap. Boucher. — La Mise au tombeau, d'ap. Cochin. 4 p. à la sanguine, très belles ép., toutes marges.

DEMARTEAU

102 — La Vierge et l'Enfant Jésus, d'ap. C. E. — L'Apothéose d'un saint, d'ap. Cochin. — Une Sainte en extase. 3 p., dont 2 à la sanguine.

103 — Études de figures, d'ap. Watteau. 3 p., belles ép. à la sanguine.

104 — Portraits et Sujets, d'ap. Boucher, Cochin et Watteau. 5 p. à la sanguine et à plusieurs crayons.

105 — Sujets divers, d'ap. Boucher. 9 p. à la sanguine.

DEMARTEAU et BONNET

106 — Sujets divers, d'ap. Le Prince. 10 p. à la sanguine, dont 2 en noir.

107 — Sujets de pastorales, Études de figures et d'animaux. 12 p. à la sanguine.

DENON

108 — Costumes de représentants du peuple, d'ap. David. 11 p., dont 6 coloriées.

DE TROY (D'après)

109 — Jupiter et Léda. — Jupiter et Calisto, par Fessard. — Salmacis et Hermaphrodite. 3 p., belles ép., grandes marges.

110 — Frère Blaise feuillant. Très belle ép., toutes marges.

DIVERS

111 — Sujets divers, d'ap. Boucher, Cochin, Huet, Watteau, etc. 12 p., belles ép.

DIVERS

112 — Sujets divers, d'ap. Le Bouteux, Borel, Jeaurat, Mallet, Prud'hon, etc. 12 p.

113 — Sujets divers, d'ap. Boucher, Huet, Hubert Robert, etc. 15 p. en couleur.

DROUAIS (D'après)

114 — Les Enfants de M. de Béthune, par Beauvarlet. — Les Enfants du prince de Turenne, par Melini. 2 p., très belles ép., toutes marges.

ÉCOLE ANGLAISE

115 — La Vierge et l'Enfant Jésus, gr. par Tassaert, d'ap. Carlo Dolci. Très belle ép.

116 — Astarte et Zadig. — The soldiers return. — S. John preaching. — Scènes de comédie. 6 p., belles épreuves.

117 — Domestic Happiness, gr. par Young, d'ap. Hoppner. Très belle ép.

118 — Paetus and Arria, d'ap. Benjamin West. Très belle ép.

119 — Una, par Earlom. — A Tiger, par Murphy. 2 p., très belles ép.

120 — Marines et Paysage. 3 p., très belles ép.

121 — Lord Apsley and his brother, gr. par Watson, d'ap. Dance. Très belle ép., grandes marges.

122 — The right honorable Frédérick Howard, gr. par Ward, d'ap. Joshua Reynolds. Très belle ép.

123 — Lady Jane Gray, the night before her execution, gr. par Ward, d'ap. Fulton. Très belle ép., grandes marges.

ÉCOLE ANGLAISE

124 — Henry Revell Reynolds, gr. par Green, d'ap. Abbott. Très belle ép., grandes marges.

125 — Portrait de femme, d'ap. Angelica Kauffmann. — Lord Wellington. — Lord Mansfield. — John Goldham à cheval. 4 p., belles ép.

EISEN (D'après)

126 — Le Bouquet, par Gaillard. — La Comète, par Le Bas. 2 p., belles ép.

FOURNIER (D'après)

127 — L'Heure désirée, par Chaponnier. Très belle ép., avant la lettre.

FRAGONARD (H.)

128 — Sujets, d'ap. les maîtres italiens, tirés du Voyage de Saint-Non. 10 p., très belles ép.

FRAGONARD (D'après)

129 — L'Enfant chéri. — Le Premier pas de l'enfance, par Vidal. 2 p., très belles ép.

FREUDEBERG (D'après)

130 — La Gaieté conjugale, par De Launay. Belle ép.

GÉRARD (Mlle)

131 — Les Regrets mérités, par Vidal. 2 p. avec des différences.

132 — Le Présent. — L'Art d'aimer. — L'Espoir du retour, etc. 5 p., belles ép., dont 1 avant la lettre.

GREUZE (D'après)

133 — La Dame bienfaisante, par Massard. Très belle ép. signée au verso.

134 — La Fille grondée, par C.-F. Letellier. Belle ép.

135 — La Frileuse, par Moitte. Très belles ép., grandes marges.

136 — Le Geste napolitain, par Moitte. Très belle ép.

137 — La Lecture de la Bible, par Martenasie. Très belle épreuve.

138 — La Poésie. — La Petite Mère. — La Nourrice. — La Petite Fille au chien. — Étude de la dame bienfaisante. 6 p., belles ép.

GUYOT

139 — La Marchande de modes. — La Marchande d'Oranges, d'ap. Watteau. 2 p., belles ép. en couleur.

140 — Action courageuse qui a mérité le prix à l'Académie d'Amiens, en 1786, d'ap. Tesier. Très belle ép. en couleur.

HUTIN (Ch.)

141 — Recueil de différents sujets composés et gravés par Charles Hutin. 18 p., belles ép.

JANINET

142 — L'Amour désarmé par Vénus, d'ap. Charlier. Très belle ép. avant la lettre, en couleur; très peu de marge.

143 — Bacchante endormie, d'ap. Charlier. Très belle ép. en couleur, rog. à l'ovale.

JANINET

144 — Les Comédiens comiques. — Le Rendez-vous comique, d'ap. Watteau. 2 p., très belles ép. en couleur.

145 — Costumes et Intérieurs Louis XVI. 2 petits sujets en couleur de forme ronde, montés en dessin.

146 — La jeune Vestale, d'ap. Le Barbier. Très belle ép. en couleur.

147 — Ruines du palais du pape Jules, d'ap. Hubert Robert. Très belle ép. en couleur, grandes marges.

148 — Restes du palais du pape Jules. — Intérieur de cloître, d'ap. H. Robert, 2 p. en couleur.

149 — Portraits de Henri IV et de Sully, d'ap. Rubens. 2 p., belles ép. en couleur.

150 — Frontispices et Études de têtes. 12 p., la plupart à la sanguine.

JANINET et GUYOT

151 — Vues de Paris. — Vues de monuments antiques. 4 p. rondes, en couleur.

JEAURAT (D'après)

152 — Vénus et Adonis, par Lempereur. Très belle ép., grandes marges.

JEAURAT et AUBERT

153 — L'Homme entre deux âges, d'ap. Séb. Leclerc. — La Montagne qui accouche. — La Femme noyée; fables de La Fontaine, in-fol. 3 p., très belles ép.

JUBIER

154 — Jeune Femme assise et lisant, d'ap. Leclerc. Très belle ép. à la sanguine.

155 — Vue d'une fontaine antique, d'ap. Huet. Très belle ép.

KAUFFMANN (D'après Ang.)

156 — Faune et Bacchantes. — La Comédie, 3 p. en bistre, toutes marges.

LAIRESSE (Gérard de)

157 — Œuvre de Gérard de Lairesse, composé de 111 p., belles ép., toutes marges.

LALLEMAND (D'après)

158 — L'Atelier du peintre, par F. Basan. Très belle ép., toutes marges.

LANCRET (D'après)

159 — Le Maître galant, par Le Bas. Très belle ép.

LA RUE

160 — Bacchanales. 5 p., belles ép.

LAVREINCE (D'après)

161 — Les Offres séduisantes, par Delignon. Très belle épreuve.

162 — Le Retour trop précipité, par Pierron. Belle ép., toutes marges.

LE BARBIER (D'après)

163 — Le Bain turc, par De Launay. Très belle ép. avant la lettre.

LEGRAND (Aug.)

164 — La Partie de pêche. Belle ép. en couleur.

LE PEINTRE (D'après)

165 — La Cage symbolique, par Fessard, Très belle ép., grandes marges.

LE PRINCE

166 — Sujet tiré des Géorgiques de Virgile. Très belle ép. en bistre.

167 — Partie de l'OEuvre de J.-B. Le Prince. 33 p. en noir et en bistre, la plupart à toutes marges.

168 — Sujets divers. 10 p. en noir et en bistre.

MARIN

169 — La Laitière. Belle ép. en couleur, sans marge.

MOREAU LE JEUNE

170 — Serment de Louis XVI à son sacre. Très belle ép., toutes marges.

171 — Le Festin royal. — Le Bal masqué. 2 p., belles épreuves.

MOREAU LE JEUNE (D'après)

172 — Le Couronnement de Voltaire, par Gaucher. Belle ép., toutes marges.

173 — Tullie faisant passer son char sur le corps de son père, par Simonet. Très belle ép., toutes marges.

NATOIRE (D'après)

174 — Vénus et Enée, par Flipart. Très belle ép.

NORTHCOTE (D'après)

175 — Albert, Charlotte et Werther. — Le dernier Entretien de Werther et de Charlotte. 2 p. en couleur, belles ép.

OLLIVIER (D'après)

176 — Première vue de l'île Barbe, à Lyon, par Martini. Très belle ép., grandes marges.

PARROCEL (D'après)

177 — Halte des gardes suisses. — Détachement de cavalerie, par Le Bas. 2 p., très belles ép.

PATEL (D'après)

178 — Les Bergères laborieuses. — Les Pêcheurs industrieux, par Le Charpentier. 2 p., très belles ép.

PIERRE (D'après)

179 — L'Enlèvement d'Europe, par Lempereur. Très belle ép., toutes marges.

PRUDHON (D'après)

180 — L'Enlèvement de Psyché, par H.-C. Müller. Très belle ép., toutes marges.

181 — L'Étude guide l'essor du Génie, par Aubry-le-Comte. Très belle ép. sur chine.

182 — Joseph, par J. Boilly. Très belle ép. sur chine.

183 — Le Triomphe de Vénus, par J. Boilly. Très belle ép. à deux tons sur papier bleu.

184 — Les Vendanges, par Aubry-le-Comte. Très belle ép. sur chine.

185 — Une Famille malheureuse, par Aubry-le-Comte. Très belle ép. sur chine.

186 — Les quatre Parties du jour, par J. Boilly. — Une Famille malheureuse, par Aubry-le-Comte. 2 p., très belles ép. sur chine.

QUÉVERDO et MOITTE

187 — La Fille surprise, par Patas. — Le Jaloux endormi, par Vidal. 2 p., belles ép.

REYNOLDS (S.-W.)

188 — Mme Grassini, d'ap. Mme Le Brun. Très belle ép. en couleur.

SAINT-AUBIN

189 — Comptez sur mes serments. — Au moins, soyez discret. 2 p., belles ép. sur papier vélin.

SAINT-NON

190 — La petite Charrière en couches. Très belle ép. Rare.

SHALL (D'après)

191 — La Comparaison, par Bouillard. Belle ép.

SMITH (D'après)

192 — The moralist, par W. Nutter. Très belle ép. en couleur.

TAUNAY (D'après)

193 — Noce de village. — Foire de village, par Descourtis. 2 p. en couleur, très belles ép., toutes marges.

194 — Histoire de l'enfant prodigue, par Descourtis. 4 p. en couleur, dont 1 avant la lettre, toutes marges.

TOUZÉ (D'après)

195 — L'Amant victorieux, par Le Beau. Belle ép.

TRINQUESSE (D'après)

196 — L'Irrésolution ou la Confidence, par Pierron. Belle ép.

VAN DER MEULEN

197 — Le Rhin passé à la nage par les Français, à la vue de l'armée de Hollande, par Simonneau. Très belle ép.

VAN GORP (D'après)

198 — Le Déjeuner de Fanfan. Superbe ép. avant toutes lettres, en couleur, grandes marges.

VAN LOO (D'après)

199 — La Confidence, par Beauvarlet, Très belle ép.

200 — Têtes de jeunes filles, par Du Ruisseau. 2 p., très belles ép. aux trois crayons.

201 — Portrait de Catherine Opalinska, reine de Pologne, en pied, par de Larmessin. Très belle ép.

VERNET (Joseph)

202 — Vue du port de Dieppe, par Martini. Très belle ép. avant la lettre.

203 — La même estampe. Belle ép. avec la lettre.

204 — Vue du port et de la ville de Bayonne, par Cochin et Le Bas. Très belle ép. avant toute lettre, grandes marges.

205 — Le Port et la Ville du Hâvre, par Cochin et Le Bas. Très belle ép.

206 — L'Intérieur du port de Marseille. — Vue de la ville d'Avignon. — La Madrague ou la Pêche du thon. 3 p.

207 — Vue du pont et de la ville de Rouen. — Vue de la ville et du port de Bordeaux, par C.-N. Cochin. 2 p.

208 — Vue du port et de la ville de Rouen, par C.-N. Cochin. Belle ép. en couleur.

209 — La Ville et la Rade de Toulon, par Cochin et Le Bas. Belle ép. avant toute lettre.

210 — La Ville et la Rade de Toulon. — Le Port neuf ou l'Arsenal de Toulon. 2 p.

211 — Vue des galères de Naples, par Le Bas. Très belle ép. avant la lettre, grande marge.

212 — Vue des galères de Naples. — Port de mer d'Italie. — Départ pour la pêche, par Le Bas. 3 p., très belles ép.

VERNET (Joseph)

213 — Fête sur le Tibre, à Rome. — Vue des environs de Naples. — Les différents Travaux d'un port de mer, par Daullé et Duret. 3 p.

214 — Le Pêcheur encouragé. — La Gondole italienne. 2 p., très belles ép.

215 — Marines. 7 p., très belles ép., dont une avant la lettre.

216 — Marines, gr. par Aliamet, Bertaut, Le Veau, etc. 7 p., très belles ép., dont deux à l'eau-forte pure.

WATTEAU (D'après)

217 — Le Chat malade, par Liotard. Superbe ép., toutes marges.

WATTEAU de Lille

218 — La quatorzième Expérience aérostatique de M. Blanchard, faite à Lille en 1785, par Helman. Très belle ép. avant la dédicace, toutes marges.

WILLE (J.-G.)

219 — Les Offres réciproques, d'ap. Diétricy. Belle épreuve.

220 — La Mort de Marc-Antoine, d'ap. Pompéo Battoni. Très belle ép., toutes marges.

221 — La Gazetière hollandaise, d'ap. Terburg. Très belle ép.

222 — La Tricoteuse hollandaise, d'ap. Miéris. Très belle ép.

223 — Abel Poisson, marquis de Marigny, d'ap. Tocqué. Très belle ép.

WILLE fils (D'après)

224 — La Mère contente. — La Mère mécontente, par Ingouf. 2 p., très belles ép. avant toutes lettres.

WOUVERMANS (D'après)

225 — Sujets militaires et autres, gr. par Aliamet, Le Bas, Moyreau, etc. 17 p., très belles ép.

Ve Renou, Maulde et Cock, imprs de la Compagnie des Commissaires-Priseurs, rue de Rivoli, 144. 38090

www.ingramcontent.com/pod-product-compliance
Ingram Content Group UK Ltd.
Pitfield, Milton Keynes, MK11 3LW, UK
UKHW021035260726
13994UKWH00005B/2155

9 782329 498171